NOTES HISTORIQUES

SUR QUELQUES ANCIENNES

FAMILLES MESSINES

A L'OCCASION D'UN TABLEAU ATTRIBUÉ A REMBRANDT

PAR

M. LE B^{on} DE COUET DE LORRY

———

Extrait des *Mémoires* de la Société d'histoire & d'archéologie de la Moselle
Année 1868

———

METZ

TYPOGRAPHIE ROUSSEAU-PALLEZ, ÉDITEUR

Libraire de l'Académie impériale

Imprimeur de la Société d'histoire et d'archéologie de la Moselle

14, RUE DES CLERCS

—

1868

NOTES HISTORIQUES

SUR

QUELQUES ANCIENNES FAMILLES MESSINES

A L'OCCASION D'UN TABLEAU ATTRIBUÉ A REMBRANDT

Par M. le Bᵒⁿ DE COUET DE LORRY

Monsieur le Président de la Société d'archéologie ayant donné les détails historiques les plus intéressants sur le tableau légué au musée de Metz, par feu M. le marquis d'Ourches et qu'on croit être de Rembrandt, a paru regretter de n'avoir pas trouvé des renseignements plus précis.

L'ancienne alliance de ma famille avec les le Goullon m'a donné autrefois le désir de connaître tout ce qui con cernait cette famille, et j'ai conservé une foule de notes y relatives ; cependant je suis obligé de convenir que ce que je pourrais donner sur le général le Goullon, serait un appoint bien minime à ce que l'on sait sur ce personnage ; mais M. le baron Tardif de Moidrey, avec lequel j'avais eu occasion de causer de ce portrait, a bien voulu me donner quelques renseignements qui, sans être complets, doivent être très-exacts, car ils ont été puisés à bonne source, dans les documents inédits de son aïeul maternel, l'auteur de *Metz ancien.*

Le général le Goullon était fils de Charles II le Goullon et d'Anne Pion.

Charles II le Goullon était fils de Charles I le Goullon, grenetier de la cité et contrôleur des réparations de la ville. (¹) Cet emploi est resté dans cette branche de la famille le Goullon pendant cinq ou six générations. Le premier qui l'ait occupé était Georges ou Georgin le Goullon, fils de Mangin I le Goullon, ce dernier mort avant l'année 1555. La femme de ce Georgin s'appelait Mangeon, il en eut entre autres Nicolas le Goullon qui eut les mêmes emplois et qui avait épousé une Chardot, que M. le président d'Hannoncelles nomme Marguerite et qui cependant, d'après des documents qui m'ont paru authentiques, se serait appelée Jeanne et serait la sœur de Charlotte Chardot qui avait épousé Jean Durant (de la famille des Durant de Haute-fontaine). Elles étaient toutes deux filles de Pierson Chardot, treize et conseiller échevin, et d'Anne Hannès dit Lespingal, et petites-filles de Mangin Chardot, demeurant à la porte Rouge, qui avait épousé N..... dont il eut entre autres : 1º Jean le Goullon dit Chardot, demeurant aussi à la porte Rouge ; 2º Charles Iᵉʳ le Goullon qui était né en 1588 et qui avait épousé, en 1618, Judith de Lemud, dont il eut Charles II le Goullon, ayant les mêmes emplois, et qui avait épousé Anne Pion en l'année 1643, dont il a eu Charles III le Goullon, qui était, en 1676, ingénieur ordinaire du Roi (celui dont feu M. le marquis d'Ourches a donné le portrait), plusieurs filles et Louis le Goullon, seigneur de Dommangeville, grenetier et contrôleur qui avait épousé, en 1676, Madelaine (les registres du refuge disent Élisabeth de Vigneulles), dont il eut *entre autres*, Marie le Goullon, dame d'Arraincourt, née en 1677, mariée, en 1707, à Benjamin de Saint-Aubin, capitaine ; et 3º Suzanne le Goullon, née en 1586, mariée

---

(¹) (*Voir le tableau ci-contre.*)

vers l'an 1620, à N..... Pellard de Givry, chevalier, seigneur de Servigny et de Givry, qui avait été adoptée par Jean Durant de Hautefontaine et Charlotte Chardot, dame de Servigny, sa femme. (')

Suivant les documents recueillis du Brandebourg, il est dit que Charles le Goullon avait été, en France, capitaine des mineurs et l'un des premiers ingénieurs de l'armée; que·les états généraux le firent chef de l'artillerie et lui donnèrent le régiment de Horn; qu'il entra comme général au service de l'Empereur; que sa veuve Marthe

---

(') Les Durant de Hautefontaine étaient originaires d'Orléans. Jean Durant, écuyer, seigneur de Hautefontaine, conseiller du Roi, surintendant et Trésorier général des bâtiments de France, avait épousé Madelaine Couët du Vivier, fille du maître des requêtes et de dame Marie de Gohory; ils eurent pour enfants entre autres :

1° Daniel Durant, écuyer, seigneur de Hautefontaine, gouverneur de Saint-Jean d'Angely, où il fut tué pendant le siége en 1621, lequel n'avait pas été marié;

2° Ezéchiel Durant, écuyer, colonel et sergent de bataille au service de la république de Venise, puis général au service du roi de Danemarck et gouverneur de la forteresse de Glusktadt, mort sans alliance vers l'an 1632;

3° Et Madelaine Durant, mariée à Isaac Galatin, conseiller et secrétaire d'État de Genève; elle a eu plusieurs enfants.

Madelaine Couët du Vivier, lors de son mariage avec Jean Durant, était veuve d'Émond de Saint-Remy, qui fut tué le jour de la Saint-Barthélemy. Émond de Saint-Remy était officier, trésorier et payeur de la compagnie de M. de Méun ou Méru; et Jean Durant, lors de son mariage avec ladite Madelaine, était veuf de Marie de Belleassise sa cousine dont il avait un fils.

Madelaine Couët du Vivier était la plus jeune des filles et des enfants du maître des requêtes; elle avait été tenue sur les fonts de baptême par M. d'Estampes et dame Madelaine Gron, femme de Mile Perrot, conseiller du Roi et maître ordinaire en la chambre des comptes de Paris. Ladite Madelaine Couët, après la mort de son mari, s'était retirée à Genève; elle est morte à un âge très-avancé, je n'en connais point la date précise; elle était née sous le règne de François Ier, et avait vécu sous le règne de ce monarque et sous ceux de Henri II, de François II, de Charles IX, de Henri III, de Henri IV, de Louis XIII et a approché du règne de Louis XIV.

A Genève, entourée de sa famille et de ses nombreux amis, que l'on nommait la colonie du Lac, peu éloignée de Bâle, où vivaient sa belle-sœur Anne de

Girard passa à Berlin, où sa famille s'était réfugiée et y mourut en 1706.

Je trouve dans les documents du refuge que Marthe *Girard* avait deux frères qui étaient, comme elle, originaires de Metz, l'un David Girard, était négociant à Berlin, et avait l'un des premiers établi une des principales manufacture d'étoffes de soie dans les États du Brandebourg; l'autre, appelé Jean Girard, avait été major au service de Venise, puis en Saxe; il mourut à Berlin, en 1730, laissant une famille qui subsistait encore en 1791, sur un pied très-honorable. La famille *Girard* était donc originaire de Metz.

Xonot et sa nièce Marie Couët du Vivier, ainsi que les enfants ou petits-enfants de la dame de Rappemberg, sa sœur.

Une de ses nièces, la dame d'Allaman, habitait le château de ce nom dans la Suisse française. (Les d'Allaman étaient alliés aux Ribeaupierre, aux le Bey de Batilli, etc., etc.).

Son fils Ezéchiel venait la voir autant qu'il le pouvait; il avait avec lui dans les troupes vénitiennes et en Danemarck, où le Roi lui témoignait la plus haute bienveillance, plusieurs jeunes parents, entre autres ce Jérémie Couët, sieur de Lorry, mort depuis, à vingt-six ans, commandant un régiment de dragons au service de Suède, qui avait été remarqué par le roi Gustave-Adolphe, avant la bataille de Lutzen; il avait fait plusieurs fois le voyage de Genève pour voir sa grand'tante.

Jean Durant, fils de Jean Durant et de Marie de Belleassise, écuyer, seigneur de Servigny, conseiller du Roi et des princes Palatins et de Deux-Ponts, conseiller, secrétaire et interprète du Roi en langue germanique, avait épousé à Metz, en mai 1595, Charlotte Chardot, dame de Servigny; il est mort à Servigny en 1622 et sa femme était morte le 7 mai 1618; ils n'eurent point d'enfant.

Du mariage de Suzanne le Goullon avec le sieur de Givry était né Bernard de Pellard de Givry, chevalier, seigneur de Givry et de Servigny, mestre de camp d'un régiment de cavalerie, maréchal de camp, lieutenant pour le roi au gouvernement de Metz, grand-bailly et maître-échevin de la même ville, conseiller, chevalier d'honneur au Parlement et chargé temporairement du gouvernement des Trois-Évêchés, mort en 1697.

La maison de Pellard de Givry était alliée aux Séguier, aux Lagrange de Montigny, aux Brichanteau, aux Courtin, aux de Mesmes d'Avaux, aux Brulart de Sillery, etc., etc.; elle était de la même famille que les Pellard, anciens seigneurs de Montigny en Gâtinois.

Le général le Goullon avait donc épousé *Marthe Girard*. Je pense que le mariage du général le Goullon avec Marthe *Girard* avait eu lieu seulement depuis sa sortie de France. Marthe *Girard* était, je suppose, la nièce de Louise *Girard* dont il va être parlé.

Du contrat de mariage passé à Berlin, le 30 avril 1697, entre Louis Couët du Vivier, seigneur de Lorry, qui plus tard fut lieutenant-colonel, et la dame Suzanne de Galbert, il appert que ledit Louis Couët du Vivier de Lorry était le fils de feu seigneur Louis Couët et de Suzanne de Gray de Malmédy, et que ladite dame Suzanne de Galbert était fille de noble Laurent de Galbert et de *Louise Girard*, ses père et mère. (¹) (Les Galbert étaient seigneurs d'Estape et de la Villardière en Dauphiné.)

Anne Pion, mère du général, était veuve de Jacques Royer, avant 1639, et c'est en 1643 qu'elle épousa en deuxièmes noces Charles II le Goullon grenetier de Metz et contrôleur des réparations de la ville (les Royer étaient parents de son premier mari).

(¹) *Extrait du mémoire qui m'a été adressé par M. Segond de Banchet :*

« Louis Couët, fils de celui qui épousa Suzanne de Galbert, vint très-jeune en Allemagne, il descendait de Louis Couët du Vivier, seigneur de Lorry, et de Suzanne de Gray-Malmédy ; il vint à Berlin en même temps que Théodore Gigou, seigneur de Moud et de Briou, qui était mon grand-oncle ; il avait été général-major et commandant du régiment des gens d'armes du roi de Prusse ; il est mort célibataire en 1721. Ledit général de Briou vint à Berlin dans sa plus tendre jeunesse, lorsque mon grand-père, Louis Couët de Lorry, vint en Allemagne ; ce dernier fut d'abord dans le pays de Hanovre et vint ensuite à Berlin à la suite de la reine Charlotte dont il était gentilhomme. Les Couët de Lorry, par différents mariages en Allemagne, se sont trouvés alliés avec les comtes Dorthe, Féracière, Dohna ; avec les marquis de Varennes, la maison de Spanheim, le général d'Estreffe (de Streff) ; avec la maison d'Harsthausen et avec plusieurs autres familles illustres. Le colonel de Dorthe et Mme d'Harsthausen, née marquise de Monbrun, avaient été parrain et marraine de ma mère Suzanne-Élisabeth Couët de Lorry. »

Jacques Royer (¹) n'eut pour enfants que deux filles, Anne et Lia. Anne avait épousé, le 15 mai 1639, Auguste I Couët, seigneur de Bacourt et d'Augny ; elle est morte le 14 décembre 1700, âgée de quatre-vingt-cinq ans. Lia avait épousé en premières noces Louis le Goullon, seigneur de Colombey, et en deuxièmes noces David le Duchat, seigneur d'Ouderne ; elle n'eut point d'enfants ni du premier, ni du deuxième lit. Louis le Goullon, son premier mari,

----

(¹) Jacques Royer, ministre à Metz, était probablement de la même famille qu'un Royer, chanoine de la cathédrale, qui vivait à peu près à la même époque ; il devait être aussi de la même famille que Nicolas Royer, vivant entre le milieu et la fin du seizième siècle, qui était seigneur du fief le Ban-Jugnien Gervaise, et était, je crois, marchand, dont un fils Balthazard Royer, seigneur du même fief, vivant dès la fin du seizième siècle, dont plusieurs enfants, entre autres un fils nommé Louis qui était mort avant 1626 et avant son père, et qu'un Jacob Royer, avocat à Saint-Mihiel, ennobli en Lorraine en 1591, qui fut père de Marie Royer, femme de Jean de Gondrecourt, lieutenant en la prévôté abbatiale de Saint-Mihiel, et de Jacques Royer, avocat en la cour souveraine de Saint-Mihiel, qui fut père de Chrétienne Royer, mariée en 1656 à Nicolas Le Braconnier, écuyer, demeurant à Norroy.

Les Royer, dont parle M. Michel dans la *Biographie du Parlement*, p. 469, étaient probablement de la même famille qui aurait existé jusqu'en 1790 ; François-Hyacinthe Royer, écuyer, sieur de la centaine et vouerie de Beuvron et du fief du poids de la ville de Toul, fut reçu conseiller au Parlement de Metz en 1747, et était encore membre du Parlement en 1790.

On trouve dans les registres mortuaires une Élisabeth le Goullon (je ne sais de quelle branche), morte en 1712, veuve de Louis Maillette de Buy ; elle était native de Metz.

Louis Maillette de Buy, était le frère ou le neveu d'Armand Maillette de Buy, qui fut nommé inspecteur général des manufactures et conseiller privé de guerre ; il était originaire de Metz et avait une fortune considérable.

Armand, de son mariage avec Élisabeth de Vigneulles, morte à Berlin en 1730, eut trois filles et un fils qui contractèrent tous des alliances honorables. L'aînée des filles épousa le général de Persode (originaire de Metz), la seconde le colonel de Saint-Sauveur et la troisième le général de Baufort. Le fils, qui fut un des plus célèbres banquiers de Berlin, avait épousé une demoiselle Bernard, de la même famille que le fameux Samuel Bernard, comte de Coubert. Les descendants des Maillette de Buy existaient encore en 1791, les uns en Prusse et les autres en Hollande, où un des petits-fils est actuellement dans le service militaire (1791).

lui avait donné par son testament la terre de Colombey et elle en fit don à Théodore de Tschudy, son petit-neveu à la mode de Bretagne et son filleul, dans la famille duquel cette terre est encore aujourd'hui.

D'Auguste I Couët, cinquième fils de Jacques Couët du Vivier, seigneur de Lorry, Vigneulles, Bacour, etc., etc., et d'Ève le Goullon, dame de Lorry, sont issus : 1º Auguste II, seigneur de Bacourt et d'Augny, ministre à Ouzebourg, qui avait épousé, le 21 novembre 1666, Suzanne Joly, fille de Paul Joly, seigneur de Maizeroy et de Bionville, et de Jeanne de Montigny, dont il eut une fille unique Anne-Marie Couët du Vivier, dame d'Augny, née le 2 novembre 1667, morte à l'âge de quatre-vingt-sept ans, le 19 novembre 1754, mariée, en 1699, à Jean-Henry de Tschudy, chevalier, commandant un bataillon au régiment Suisse, de Villars Choudieux, dont elle était veuve dès 1717, et dont est issu Claude-Henry de Tschudy, chevalier, capitaine au régiment de Languedoc, seigneur d'Augny, conseiller, chevalier d'honneur au Parlement de Metz, qui épousa Louise-Christine Rouault d'Assy, de Gamache, et 2º Anne Couët du Vivier, née en 1642, morte à quatre-vingt-dix-ans, le 13 mars 1732 et ayant épousé en premières noces, le 8 juillet 1663, Paul de Chenevix, écuyer, seigneur de Loyvillè, conseiller au Parlement de Metz, mort le 12 octobre 1677, et en deuxièmes noces, le 18 janvier 1683, Henry de Badsale, chevalier, seigneur d'Espoëy et de Castillon, capitaine de grenadiers au régiment de Navarre, mort le 8 décembre 1700, fils de Philippe de Badsale, baron d'Espoëy et de Chorisande de Bossillon, et frère de Philippe de Badsale, chevalier, seigneur des Bordes et d'Espoëy, maréchal-de-camp, gouverneur de Philipsbourg ; elle n'eut point d'enfant ni du premier ni du deuxième lit.

Le général le Goullon avait une sœur, Anne le Goullon, qui avait épousé, en 1676, Paul de Godemar, seigneur de Milfleur, capitaine au régiment de Navarre.

M. du Vivier, que Jean Olry (¹) rencontra à La Haye en même temps que le général le Goullon, était Abraham Couët du Vivier, né à Metz en 1644, ministre à Sainte-Marie-aux-Mines, à Amiens, à Roussy, et désigné pour la survivance de l'église de Metz, qui se réfugia en Hollande à la révocation de l'édit de Nantes ; j'ignore l'époque de sa mort. Il avait épousé, le 11 avril 1666, Anne Ferry, fille de Jean Ferry, (²) seigneur en partie de Vremy et receveur de la bulette, et d'Élisabeth Bennelle. (³)

(¹) Dans la notice de M. de Bouteiller, il se trouve une erreur d'impression : ce n'est pas Jean Obry, mais bien Jean Olry, dont parle M. Othon Cuvier.

(²) Jean I Ferry, dont M. Michel parle dans sa *Biographie du Parlement*, . 162, devait être, dit-il, « *le fils* de Pierre Ferry, qui, d'après une note généalogique qui se trouve à la bibliothèque de Metz, serait le frère de Paul Ferry, et était ministre à Frankendal. (ᵃ) Jean Ferry, qui était né en 1595 et qui est mort en 1661, était fils de Jérémie Ferry, second fils de Jacques I Ferry et de Françoise de Corny. Il avait épousé 1º Marie de Vigneulles, fille de Michel de Vigneulles, concierge du palais, et de Suzanne Pérignon, veuve de Jean Bancelin ; 2º en 1639, Élisabeth Bennelle (dont nous avons rapporté la postérité) ; et 3º en 1655, Suzanne Mozet, veuve de Samuel de Saint-Aubin. Il eut entre autres enfants, de sa première femme, Marie Ferry, mariée à Louis de Marsal.

(³) Jean Ferry, seigneur en partie de Vremy, par acquisition de deux portions de seigneurie, en date des 30 juin 1638 et 18 septembre 1646, provenant de différents membres de la maison de Gournay. (Ce Jean Ferry était citain de Metz et avait l'emploi de receveur de la bullette.) Il avait épousé : 1º Marie de Vigneulles, fille de Michel de Vigneulles, concierge du palais, et de Suzanne Pérignon, veuve de Jean Bancelin, dont il avait eu entre autres Marie Ferry, mariée à Louis de Marsal ; 2º en 1639, Élisabeth Bennelle, dont il eut : I. Paul Ferry, capitaine au régiment de Spaën ; II. David Ferry, qui a continué la postérité de cette branche ; III. Élisabeth Ferry, mariée à Joseph Ancillon ; IV. Anne Ferry, mariée à Abraham Couët du Vivier ; V. Esther Ferry, mariée en décembre 1666, à Paul Couët du Vivier, écuyer, seigneur de Mont, Scy et Cessy ; VI. Madelaine Ferry, mariée en premières noces à Paul Lepin, lieutenant de cavalerie, et en secondes noces à Pierre d'Eguillon, seigneur d'Augecourt ; VII. Suzanne Ferry, mariée à Jean le Bachellé, dont elle a eu Marie-Anne Bachellé, mariée à N... de Spanheim, secrétaire des états-généraux des provinces unies ; 3º et en 1655, Suzanne Mozet, veuve de Samuel de St-Aubin.

(ᵃ) M. Michel prouve que c'était une grave erreur ; je m'étais aperçu depuis longtemps de cette erreur, et j'en ai eu la confirmation par les notes de M. de Moidrey.

Parmi leurs enfants, je vois un fils du même nom d'Abraham qui, probablement lui ou un autre de ses frères, aura laissé postérité, et une fille, Marianne Couët du Vivier, qui avait épousé N. de Ribecourt, lieutenant au régiment du comte de Nassau Labreck-cavalerie et qui, en 1686, était en garnison à Namur ; je ne sais s'il y a eu des enfants de ce mariage. A la même époque, Paul Ferry, capitaine au régiment de Spaën-cavalerie, frère d'Anne Ferry et d'Esther Ferry, femme de Jacques Couët du Vivier, écuyer, seigneur de Mont, Scy et Lessy, et filleul du célèbre Paul Ferry, était aussi dans les Pays-Bas, au service de Hollande, ainsi qu'un frère de M. de Ribecourt qui était capitaine au régiment du comte de Tilly. Trois membres de la famille Touronds de Saint-Amant étaient aussi à cette même époque au service des états généraux. Je crois que la famille de Ribecourt qui était de Normandie, était alliée à celle des Touronds de Saint-Amant, qui était aussi de la même province. Un de ces Touronds de Saint-Amant avait épousé Marie de Dompierre de Bockange. (¹) Les

---

(¹) David de Jonquière, chevalier, seigneur de Dompierre, maréchal de camp, épousa en premières noces Judith l'Espingal, fille de Philémon l'Espingal, seigneur de Burtoncourt, et de Suzanne le Goullon (sœur d'Ève), et en secondes noces Anne d'Orthe, dont il n'a pas eu d'enfants. Il eut du premier lit, N... de Jonquière, chevalier, seigneur de Bokanges, lieutenant d'une compagnie de chevau-légers, qui épousa N... du Pont de Blagny de Béchevel, et N... de Jonquière, mariée à Louis d'Orthe, chevalier, seigneur de Fontaine-Falaise, capitaine au régiment de Turenne. Un Dompierre, chevalier, seigneur du Val, capitaine au régiment de Piémont, s'était réfugié à Berlin en 1686.

La maison d'Orthe, qui était alliée aux Chérisey, paraît être originaire d'Ecosse. Le premier des d'Orthe qui se réfugia dans le Brandebourg, était allié de M. de Pomponne, ambassadeur de France, et de la maison de Feuquière, et il descendait, par les femmes, du baron de Vienne de Clervant. La terre de Grimont, dont les d'Orthe étaient seigneurs, avait appartenu à Claude-Antoine de Vienne, baron de Copet, du chef de sa femme Catherine de Heu.

Pour plus de détails sur la maison d'Orthe, voir *Metz ancien*, tome II, pages 152 et 153.

D'Orthe, dans le Brandebourg, s'écrivait : *Dorthe*, ainsi Manassès *comte de*

Dompierre étaient seigneurs de Jonquière, ils étaient alliés à la maison d'Orthe et par conséquent aux Déschamps, Bechevel de Blagny et Montmorency de Villeroy, etc., et je suppose que les Dompierre d'Ornoy, dont l'un est actuellement contre-amiral et commandant la marine à Cherbourg, sont de la même famille. Tout cela ne nous donne que des renseignements bien vagues pour fixer l'époque du séjour du général le Goullon et de M. du Viviers à La Haye, de sorte qu'il sera très-difficile d'avoir des données certaines à ce sujet ; je crois que la branche des le Goullon, éteinte à Metz il y a trente et quelques années, n'en savait pas davantage, parce que je me rappelle avoir eu, avec M. Joseph le Goullon, qui avait épousé une de Salse, et le chevalier le Goullon, son frère, que tous les hommes de mon âge ont connu, aimé et apprécié, plusieurs conversations qui m'ont prouvé qu'ils avaient bien peu de documents sur leur famille ; et en effet, la maison d'Ourches (¹) ayant eu trois alliances

---

Dorthe, né à Metz et mort à Berlin en 1731, était parvenu au grade de major-général ; il était entré comme colonel au régiment de Varennes, et il avait épousé Marie de Meaux, veuve du général de Briquemault, morte à Berlin en 1737.

(¹) Charles d'Ourches, seigneur de Cerceuil, dont le petit-fils Léon comte d'Ourches est mort au château de la Grange-aux-Ormes, près Metz, le 18 décembre 1843, avait épousé Anne le Goullon, sœur de Charles-François le Goullon de Champé, chevalier, seigneur de Champé et de la Horgne, procureur général au Parlement de Metz, et de Pierre le Goullon, chevalier, seigneur de Hauconcourt, Frenoy et autres lieux, président à mortier au Parlement de Metz, qui étaient tous trois enfants de Charles le Goullon, seigneur de Champé et de Hauconcourt, aussi procureur général au Parlement de Metz, et de Suzanne Jeoffroy.

Didier, comte d'Ourches, avait épousé Marguerite-Charlotte le Goullon de Hauconcourt.

Et Pierre, chevalier d'Ourches, avait épousé Madelaine-Marguerite le Goullon de Hauconcourt.

Marguerite-Charlotte et Madelaine-Marguerite le Goullon de Hauconcourt, étaient toutes deux filles de Pierre le Goullon de Hauconcourt, président à

avec les le Goullon, de la dernière des branches qui ont porté le nom de Hauconcourt, il est de toute probabilité que c'est là où se trouverait la source où l'on pourrait puiser et que ce sont les héritiers de M. le marquis d'Ourches ([1]) (le généreux donateur du portrait), qui seuls pourraient donner satisfaction à notre curiosité, notamment M. de Breuvery, l'exécuteur testamentaire.

Moi je possède un portrait d'une dame le Goullon, ([2])

---

mortier au Parlement, et de Madelaine Hilaire de Harboucy, et sœurs de Louis le Goullon de Hauconcourt, chevalier, seigneur de Hauconcourt, chambellan de S. M. le roi de Pologne, duc de Lorraine, né vers l'année 1730 et mort dans les premières années du siècle actuel, sans laisser de postérité d'Esther d'Arros, fille d'Armand, comte d'Arros, lieutenant-général, et de Catherine-Françoise Pillement de Russange.

([1]) M. Émile Michel dit que Rembrandt est mort en 1669; la notice de M. de Bouteiller dit 1679, ce qui fait une différence de dix ans. Le dictionnaire de Bouillet, neuvième édition, et le Dictionnaire biographique universel disent que Paul Rembrandt, né à Leyde en 1606, est mort à Amsterdam en 1674. La biographie dit qu'il était surnommé Van-Ryn.

Rembrandt, qui était d'une avarice extraordinaire, par un motif de spéculation, s'était fait passer pour mort, et ceci peut bien être une des causes de l'incertitude qu'il y a eu sur l'époque de sa mort.

([2]) Il résulte de la petite notice que j'ai faite à l'occasion du portrait de Mme le Goullon de Champé, que j'ai fait restaurer par M. Hussenot, que les Jeoffroy se trouvaient alliés des de Blair. Dans cette notice, je donne des détails circonstanciés à ce sujet, à la suite de quoi j'ajoute des notes généalogiques sur la famille de Blair, auxquelles je joins la notice sur les de Blair du célèbre Walter-Scott.

Dans la notice sur les Étangs, je donne les noms et qualités des membres de la famille de Blair jusqu'à nos jours, et j'y joindrai un tableau synoptique de cette famille.

La famille Jeoffroy était parente aux de Blair de plusieurs côtés; elle l'était entre autres par un Charles Jeoffroy, commissaire d'artillerie, qui avait épousé une demoiselle d'ancienne noblesse de Lorraine, dont le nom m'a échappé, lequel était fils d'un Fleury Jeoffroy, qui avait été aussi commissaire d'artillerie.

Les armes de cette famille étaient: d'azur, à un coq au naturel, la patte posée sur un glaçon d'argent, au chef de gueules, soutenu d'une devise d'or et chargé de deux étoiles d'argent.

Ces armes sont des armes parlantes, car en patois messin *jô froid* veut dire *coq froid*. Or, le coq a la patte posée sur un glaçon.

femme du dernier procureur général de ce nom, qui m'a amené à faire d'assez grandes recherches sur les le Goullon, mais qui ne sont pas plus fructueuses que les autres, quant à l'objet en question.

Les documents que j'ai consultés pour rédiger ces notes sont : de vieux mémoires généalogiques sur les le Goullon ; de très-anciennes lettres, des lettres de Berlin ; (¹) un mémoire généalogique qui m'a été adressé par M. Segond de Banchet, dont l'arrière-grand'mère était une Couët, et, chose assez bizarre, ce mémoire généalogique n'était qu'une copie de celui adressé à mon grand-père en 1775 et qui ne lui était pas parvenu, parce qu'il avait été remis à une certaine madame Chandron, qui allait de Berlin à Paris et qui l'avait perdu en chemin, et moi je l'ai reçu environ quatre-vingts ans plus tard ; enfin, les notes que je dois à l'obligeance de M. le baron Tardif de Moidrey, dont j'ai parlé en commençant. La Société d'archéologie a bien voulu demander et entendre la lecture de la notice que j'ai faite sur Mme le Goullon de Champé, à l'occasion de son portrait, et décider ensuite qu'elle serait jointe à ce travail sur les le Goullon ; cette dame était l'amie et la parente de Mme de Dommartin (dame Anne Masson), femme de l'un des conseillers, chevalier d'honneur de ce nom. (Elle était sa parente, puisque Mme Jeoffroy née de Blair était la tante de son mari.)

Ce portrait fait par le peintre Yard, en l'année 1737,

(¹) Dans cette note devaient se trouver naturellement des détails généalogiques sur les Segond de Banchet, de Maffey, le Coq, Olry, Goullet et Petitjean de Rugy, et autres familles réfugiées, et en première ligne sur les Ancillon de Jouy, qui ont joué un rôle considérable en Prusse ; mais cela aurait été trop long pour cet article, et je pourrai trouver moyen de rattacher des notes sur ces familles au petit travail que j'ai proposé de faire sur les le Goullon et les Ferry, c'est-à-dire une espèce d'appendice aux articles de la Biographie du parlement de Metz sur ces deux familles ; j'y joindrai un tableau synoptique de la famille Ferry et deux tableaux également synoptiques pour les deux branches de la famille le Goullon qui ont porté le nom de Hauconcourt.

(elle avait alors à peu près 35 ans) est celui de Marguerite Jeoffroy, née vers l'année 1702, morte le 20 septembre 1773, âgée de 71 ans. Elle était fille de Jean-Mathieu Jeoffroy, écuyer, conseiller au Parlement de Metz, et de Marie-Françoise Moncenot. Elle épousa, le 1er août 1724, étant âgée alors d'environ 22 ans, Charles-François le Goullon de Champé, chevalier, seigneur de Champé et de la Horgne, procureur général au Parlement de Metz, né le 8 octobre 1691, mort le 3 mars 1774, à l'âge de 84 ans ; elle était par conséquent la belle-fille de Charles le Goullon de Champé, seigneur de Champé et de Hauconcourt, aussi procureur général au Parlement de Metz, et de Suzanne Jeoffroy, fille de Gilles Jeoffroy, conseiller au Parlement, et de Jeanne de Gallavaux. Elle était la belle-sœur de Pierre le Goullon, chevalier, seigneur de Hauconcourt, Fresnoy et autres lieux, président à mortier au Parlement de Metz, et de Anne le Goullon, mariée à Charles d'Ourches, seigneur de Cerceuil, dont le petit-fils Léon comte d'Ourches est mort au château de la Grange-aux-Ormes, près Metz, le 18 décembre 1843. Elle était tante de Louis le Goullon de Hauconcourt, chevalier, seigneur de Hauconcourt, chambellan de S. M. le roi Stanislas, mort dans un âge très-avancé et sans laisser de postérité d'Esther d'Arros, fille d'Armand comte d'Arros, lieutenant-général, et de Catherine-Françoise Pillement, de Russange. Elle était aussi tante de Jeanne le Goullon de Hauconcourt qui avait épousé Joseph-Henri comte de Bombelles, dont elle eut Marc-Marie comte de Bombelles, qui est mort évêque d'Amiens, qui auparavant avait été maréchal de camp, avait été marié et avait eu des enfants, entre autres le comte de Bombelles qui a épousé Marie-Louise, archiduchesse d'Autriche (elle se trouvait donc arrière-grande-tante de Marie-Louise), veuve en premières noces de Napoléon Ier, et en secondes noces du comte de Neiperg, général autrichien. Elle était donc aussi tante de Marguerite-Charlotte le Goullon de Hauconcourt, sœur de Jeanne, mariée à Didier comte d'Ourches, et de Madelaine-Marguerite le Goullon de Hauconcourt, aussi sœur de Jeanne, mariée à Pierre chevalier d'Ourches.

Elle était aussi de la même famille et par conséquent la cousine du malheureux et indigne Charles Jeoffroy, trésorier de France au bureau des finances de la généralité de Metz, qui avait épousé en premières noces Alexise de Jobal, dont il eut plusieurs enfants, et en deuxièmes noces l'infortunée Louise de Fériet, dont il n'eut pas d'enfants, sœur d'Anne de Fériet qui avait épousé Paul de Couët, seigneur de Lorry, lieutenant-colonel alors du régiment de Miroménil, et sœur utérine de Jeanne Jacobé de Montvaux, mariée à Michel de Saint-Blaise, seigneur de Landonviller, conseiller au Parlement de Metz.

Elle était cousine de Madelaine de Blair, sœur de Armand Jean de Blair, baron de Balthayock, seigneur des Étangs, conseiller au Parlement de Metz, qui a été l'auteur de tous les de Blair qui ont fait souche dans le pays Messin, de Jeanne-Marie-Pauline de Blair, mariée en 1697, à Nicolas Dupasquier, baron de Dommartin, comte de Fontenoy, seigneur de Haye, conseiller, chevalier d'honneur au Parlement de Metz, laquelle Madelaine de Blair avait épousé Jean Jeoffroy, écuyer, seigneur de Han, conseiller, secrétaire du Roi en la chancellerie établie près le Parlement de Metz.

Enfin elle était la très-arrière-petite-nièce de Jérémie le Goullon, seigneur de Coin, secrétaire et greffier de la ville de Metz, et par conséquent la cousine, mais à un degré déjà assez éloigné, d'Ève le Goullon, fille de Jérémie, mariée en janvier 1605, à Jacques Couët du Vivier, écuyer, seigneur de Lorry, Vigneulles, Gravelotte, etc., le premier des Couët qui s'est fixé à Metz, et de Charles le Goullon, frère d'Ève, écuyer, seigneur de Hauconcourt, gentilhomme de la chambre du Roi, conseiller de Sa Majesté, secrétaire et greffier de la cité de Metz, etc.

Toutes ces relations de parenté sont, ou de son côté par la famille de Jeoffroy, famille de Metz qui a donné le plus de magistrats au Parlement de cette ville, ou du côté de son mari, par la famille le Goullon, ancienne famille du pays Messin, qui, d'après la remarque qu'en fait M. Michel, mérite un souvenir par les services que plusieurs de ses membres ont rendus à la France, et par l'éclat avec lequel ils ont rempli les hautes fonctions dont ils ont été revêtus. Vers l'an 1500 vivait Mangin I le Goullon; son fils aîné Mangin II employa le crédit dont il jouissait auprès du peuple de la ville de Metz pour obtenir que la cité, en 1552, se mît sous la protection de la France. Il fut l'un des quatre députés qui allèrent, en 1556, ratifier et signer au conseil du Roi, tenu à Saint-Germain-en-Laye, l'acceptation définitive du protectorat de la France. Ces quatre députés étaient : ledit Mangin II le Goullon, le Bachellé, Praillon et des Armoises. Mangin le Goullon fut nommé secrétaire et greffier de la ville de Metz, charge qui, du temps de la République messine, équivalait à une secrétairerie d'État, gouverneur de la petite Metz (château de Vry), et secrétaire des commandements de la reine Catherine de Médicis. Il avait épousé Simone le Bachellé.

Armand-Jean de Blair, Jeanne-Marie-Pauline de Blair et Madelaine de Blair, dont il est parlé dans la présente notice, étaient enfants d'Armand de Blair, chevalier, baron de Balthayock, seigneur des Étangs, conseiller du Roi en tous ses conseils, président à mortier au Parlement de Metz, lequel était le petit-fils d'Alexandre de Blair, d'une très-ancienne famille d'Écosse qui vint se fixer en France vers l'an 1584.

Alexandre Blair, chevalier, baron de Balthayock, qui vint le premier en France, se fixa en Béarn. Il épousa, en 1590, Marie de Remy, fille de Robert de Remy et de Jeanne de Séguier, dont il eut : 1º Samuel de Blair, dont la postérité est restée en Béarn ; 2º Alexandre, qui suit.

Alexandre Blair, chevalier, mort à Paris avant l'an 1674, avait épousé Madelaine Pittau, dont il eut : 1º Alexandre, qui suit ; 2º Armand, dont la postérité sera rapportée plus loin ; 3º Melchior de Blair, s^{gr} de Cernay, marié à Paris en 1686 avec Henriette de Brinon, pour laquelle Françoise d'Aubigny, marquise de Maintenon, a stipulé comme procuratrice de Philippe de Brinon, s^{gr} de Tourry ; le Roi a signé au contrat de mariage ; de cette union sont issus les de Blair de Cernay et de Boisemont ; 4º Madelaine de Blair, mariée à Henry d'Arros, chevalier, baron d'Aurio, cousin du maréchal duc de Navailles. Madelaine Pittau, étant devenue veuve, épousa en secondes noces N. Arnauld ; N. Arnauld, se trouvait donc le beau-père des présidents Alexandre et Armand.

Alexandre Blair, chevalier, s^{gr} de Fayolle, conseiller du Roi en tous ses conseils, président à mortier au Parlement de Metz, avait épousé à Poitiers, le 5 février 1669, René Mesmin, fille de Aaron Mesmin, écuyer, s^{gr} de Fayolle, dont il eut : 1º Jean Alexandre de Blair, s^{gr} de Fayolle, né le 15 décembre 1669, marié à Paris en 1698 avec Anne-Marie-Cléophile Lefévre (de la famille des Lefévre de Caumertin), fille de François Lefévre, chevalier, s^{gr} de Guiberménil, et de Marie Philotée de Bourdin, dont il eut, je crois, N. de Blair, mariée à Jean-Baptiste de Saillet, lieutenant-général des eaux et forêts à la Table de marbre de Metz, président à la Cour de Saint-Mihiel, mort en 1720 ; et 2º Jean Aaron de Blair, s^{gr} de la Motte, né à Paris le 8 octobre 1678. J'ignore s'il a laissé postérité.

Le président Armand de Blair avait épousé à Metz, en 1676, Marie Estienne d'Augny, dont il eut les enfants nommés précédemment, entre autres Armand Jean de Blair, qui épousa en 1708 Marie-Thérèse de la Croix, dont sont issus tous les de Blair qui ont existé dans ce pays-ci ; il mourut en 1763.

Les armes de la famille de Blair sont : de sable à la fasce

d'or, accompagnée de trois besans de même , posés deux en chef et un en pointe ; et un écu d'argent , brochant sur la fasce , chargé d'un chevron ondé de sable , accompagné de trois tourteaux de même, posés deux en chef et un en pointe.

Alexandre Blair, qui vint s'établir en France , était fils d'un autre Alexandre Blair, chevalier doré, baron de Balthayock, qui avait épousé Isabelle Ogilby, fille légitime du baron d'Ogilby , baron de Inchmartein , qui était allié aux maisons de Gray, de Stuart et d'Oliphand , lequel était lui-même fils d'un autre Alexandre Blair , chevalier doré, baron de Balthayock, qui avait épousé Marie Ayton, fille légitime du baron d'Ayton, dans la province de Fiffe, lequel Alexandre était fils de Jean Blair, chevalier doré, baron de Balthayock , qui avait épousé Jeanne Gray , fille légitime de milord Gray, chevalier, baron de Foulle , lequel Jean était fils d'André Blair, chevalier doré, baron de Balthayock, qui avait épousé Marguerite Oliphand, fille légitime du seigneur Oliphand baron de Duplin.

Très-anciennement, cette famille écossaise s'était partagée en deux branches dont sont sortis les barons de Balthayock, de Inschira , de Gasclan , de Art-Blair , de Kinfanes , de Lachiredire, et plusieurs autres qu'on pourrait compter jusqu'au nombre de plus de trente.

Des lettres-patentes de Charles II , roi d'Angleterre et d'Ecosse, expédiées à Edimbourg le 7 juillet 1674 , ont été accordées à la famille de Blair et ont été confirmées par un arrêt du Conseil du Roi Louis XIV, en date du 18 mars 1700.

Il est dit dans ces lettres-patentes qu'aux degrés qui y sont rapportés il ne serait pas difficile d'en ajouter un grand nombre d'autres ; que cette famille avait toujours pris soin de s'allier aux meilleures familles de l'Ecosse, et que depuis peu un baron de Blair avait épousé Marguerite Hamilton, fille d'illustre seigneur Guillaume duc d'Hamilton.

L'arrêt du conseil d'Etat du 18 mars 1700 est un jugement de maintenue et en même temps d'acceptation des lettres-patentes de Charles II ; dans cet arrêt il est dit que la maison de Blair avait l'honneur d'être alliée à la maison des Stuart.

Du mariage de Melchior de Blair avec Henriette de Brinon sont issus : une fille N. de Blair, mariée à N. d'Apremont-d'Ortès, et Louis-François de Blair, sgr de Cernay et Aunay, conseiller en la grande chambre du Parlement de Paris, qui épousa Catherine-Jeanne de Gars de Boisemont, dont il a eu deux filles, l'une mariée à N. d'Archéville, l'autre au marquis de Chauvelin, et un fils, Louis-Guillaume de Blair de Boisemont, chevalier, maître des requêtes, intendant de la généralité d'Alsace et prévôt des marchands de Paris, qui avait épousé en 1755 Jacqueline de Flesselles, dont il n'eut point d'enfant.

Avant l'établissement de la famille de Blair en Béarn, vers l'an 1584, un de Blair avait déjà été au service de France ; en effet, en 1528, sous le règne de François Ier, Patrick Blair était archer de la garde écossaise ; il était contemporain du connétable de Bourbon et du maréchal de Chabannes, ce qui résulte d'un titre du 18 juin 1530 qui était entre les mains de l'aîné de la famille.

Un mémoire généalogique sur la famille de Blair, qui se trouve dans le Dictionnaire de la noblesse de la Chenaye-des-Bois, seconde édition, Paris, chez la veuve Simon, 1771, in-4o, tome II, page 535, est tout à fait fautif ; Alexandre Blair, qui s'établit en Béarn, y est nommé trois fois, de sorte que ce sont deux générations en plus qui n'ont pas existé, aussi toutes les alliances sont interverties.

Dans la Biographie du parlement de Metz, par M. Michel, il y a, page 53 et suivantes, un assez long article sur les de Blair.

Enfin, nous possédons la notice adressée par Sir Walter-Scott, à un de ses parents, M. Scott de Harden, et traduite en français par celui-ci. Cette notice est du 30 décembre 1828 ; nous la donnons ici *in extenso*.

« Un motif bien plus léger que le plaisir d'obeir à vos ordres et au service d'un de vos amis pourrait en tous tems me jetter dans des études généalogiques telles que vous avez désiré que je fasse au sujet des familles de Blair ainsi je vous envoye quelques observations qui pourroient être authentiqué par d'autres recherches si Monsr de Dommartin désire que telles recherches soyent faites.

» Le mot Blair signifiait anciennement Bataille ou plutot champ de Bataille et plusieurs endroits en Ecosse sont ainsi nommés, ceux-ci, comme bien d'autres désignations locales, ont ètés prises par des personnes qui y demeuroient, et peu à peu sont devenus des noms de familles. — Mais les nombreuses familles du nom de Blair sont ordinairement considérés par les généalogistes comme étant sorties d'une de ces deux familles, Blair de Blair dans le comté d'Ayre — ou de celle de Blair de Balthayock dans le comté de Perth ou d'Angus et le nord de l'Écosse ; ces deux familles ont eu plusieurs Parens et Descendants qui les ont considérés comme leur chefs, mais ils se sont disputés avec violence lequelle des deux familles devroient être reconnue comme chef de tous les Blairs. — Comme ces deux familles avoient subsistés independemment l'une de l'autre pour tant de générations il étoit impossible d'établir quelle maison étoit la plus ancienne ou la plus honorable de sorte que le Roi Jacques VI décida à la fin la dispute par une ordonnance, que l'*age* des Répresentans de Blair *de Blair*, et de Blair de Balthayock devrait determiner la précedence dans ce tems. — Il paroit que la branche de la famille dont Monsr de Dommartin est sorti vient de la famille de Balthayock. — Cette famille paroit s'être distinguée environ l'an 1214. Je m'imagine que le Blair d'ou cette famille prit leur surnom étoit Blair dans le comté de Kinross appellé aujourdhui Blair-Adam avec lequel est inclus une autre Terre aussi nommé Blair. Le nom de Blair ou de Bataille donné à cette Terre vient d'une sortie que firent les Calédoniens contre le neuvieme Légion qu'ils détruirent presque entièrement, une grande partie de cette Bataille fut donnée sur la Terre de Lochar (possedé maintenant par ma belle fille & mon fils) et pour confirmer plus, que cela a dut être l'ancien domicile des Blairs, j'observe que Constantins de Lochar étoit d'une proche parentée avec cette famille. — Bien que les Blairs ont pris leur nom de cette Terre ou d'une autre du même nom ils sont devenus sieurs *(Lairds)* de Balthayock à peu près vers l'an 1393, et se sont toujours distingués depuis sous ce titre.

— Toute la généalogie de cette famille se trouve dans le livre intitulé « Douglasses Scossish Baronage » qui est presque notre seule autorité sur de tels sujets, cet auteur prend, des archives de la famille de Balthayock, le détail suivant de l'origine des familles qui se trouvent en France.

» Alexandre Blair de Balthayock succéda aux Terres et à la Baronie de Balthayock en 1568, il épousa Elisabeth, fille de sir Laurence Mercer de Aldie, une famille distinguée, qui lui donna (selon Douglas) 3 fils, Laurence, Thomas et Patrik; le premier, Laurence, succéda aux biens de son père; le troisième Patrik fut l'ancêtre des Blairs de Pillendreuch & d'autres familles; le passage touchant le deuxième, Thomas — je transcrit entierement — le deuxième, Thomas, qui passa en France du temps de Jacques VI d'Ecosse, ou il s'établit, épousa une Dame d'un rang distingué dont la Postérité a brillé avec éclat dans ce Royaume depuis ce temps et de qui sont sorties plusieurs familles qui sont maintenant d'une distinction considérable, savoir, une établie à Béarn de qui le chef est un officier dans l'armée & étoit dans le Reg^t de Fitz-James, une autre établie à Meulz (¹) dont le Répresantant est actuellement Conseiller de cette ville et a plusieurs frères, officiers d'un rang distingués dans l'armée, et Monsr de Blair Répresantant d'une troisième branche qui est établi à Paris & est Maitre des Requêtes et Intendant d'Alsace, ils retiennent tous le nom de Blair et se sont alliés en mariage avec les plus considérables familles de France tels que les de Gésires, de la Rochefaucault, viscomtes d'Aigremont, barons de Nouailles, comtes de Champignelli, de Bausins, des Gilberts, des Jolly, des Fleury, &c &c.

» Monsr de Dommartin verra par ceci que le généalogiste Ecossais accorde avec les officiers qui dressa les Lettres de Noblesse, à l'exception d'un point, que Douglas (l'autorité ci-dessus cité) qui tira son récit des papiers de famille appelle l'Emigré qui établit les Blairs en France par le nom de *Thomas*, tandis que les Lettres de Noblesse lui donne un autre nom, celui d'Alexandre, je crois. — Ce serait impossible de décider lequel est le nom veritable sans faire une recherche parmi les papiers de famille auxquelles je n'ai point d'accés si même j'avois le loisir pour faire une telle recherche. —

(¹) Cela ne veut-il pas dire Metz ?

Votre correspondant peut s'assurer que les Blairs de Balthayock ont toujours étés considérés comme une maison distinguée et d'une grande ancienneté. — Les deux familles de Blair ont passé par des héritiéres, celle de Blair de Blair est representée pour une branche cadette des *Scott* de *Millenie*, par ce changement vous et *moi* au moins, ne voudrions pas avouer qu'ils ont perdus de leur distinction. — Au sujet des Blairs de Balthayock je m'apperçois que Marguerite, une heritiére, succéda à ses Terres en 1723 et epousa David Dreummond qui prit son nom, leur fils *Jean Blair* épousa Patricia Stephens qui lui survêcut, ils eurent un fils, David, qui fut un officier. — Je devrais être à même de dire quelque chose touchant la condition de la famille d'aujourd'hui, *étant* (d'une manière difficile à définir) cousin des Blairs de Balthayock, nous nous sommes toujours rendus visites, et porté le deuil réciproquement, annoncé les mariages, les naissances, & les morts, selon la coutume parmi les cousins Ecossais, mais depuis la mort de ma pauvre mère toutes ces choses ont étés oubliés, et j'ignore l'état actuel de la famille de Balthayock. L'ancien heritage est dans une très belle situation sur les bords de la rivière Fay près de Perth. — Si Monsr de Dommartin desirerai savoir l'état actuel de la famille rien ne me seroit plus facile que de lui procurer quelque information.

» Il ne m'est pas necessaire, mon cher ami, de vous assurer du plaisir que je prends à suivre vos ordres en toutes occasions étant avec le plus sincère égard et affection

» votre très fidèle cousin & serviteur.

(Signé)   WALTER SCOTT.

» Abbotsford, ce 30 Decembre 1828. »

cinq ou six générations l'emploi de grenetier de Metz et contrôleur des réparations de la ville, de laquelle branche était le général le Goullon.

MANGIN I,

mort avant 1555,

épouse N... ([1])

Mangin II le Goullon, épouse Simone le Bachellé, dont il eut entre autres Jérémie, qui suit, et Benoit, auteur de la branche de Régnier et de Champé.

Jérémie épouse en premières noces, en 1567, Barbe Rollin, dont il eut Suzanne, mariée à Philémon l'Espingal, seigneur de Burtoncourt, et Ève, mariée en 1605, à Jacques Couët du Viviers, seigneur de Lorry, et ledit Jérémie épouse en secondes noces, en 1589, Elisabeth l'Espingal, fille de Jacques ; il eut du deuxième lit entre autres Auguste, qui suit, et Charles le Goullon, auteur de la première branche de Hauconcourt.

L'arrière-petit-fils d'Auguste le Goullon, Antoine-François Balthazard avait épousé, le 15 mars 1760, Marie-Anne-Claude-Valbourg-Françoise-Casimire de Munck de Manchenstein, baronne de Lowembourg, dont il eut Joseph-Antoine, qui suit, et Charles-François le Goullon, né le 2 novembre 1764, mort à Metz, le 8 août 1833, connu sous le nom de Chevalier le Goullon.

Joseph Antoine, mort le 14 octobre 1836, avait épousé Marie-Scholastique de Salse, dont il eut N..., qui suit.

N... le Goullon, officier d'infanterie, tué à la guerre dans les campagnes de l'empire, longtemps avant la mort de son père.

Daniel, dont un des arrière-descendants était David le Goullon, seigneur de Landonvillers, qui avait été capitaine au régiment de Lenoncourt, était fils de Raphaël le Goullon, et avait épousé Anne de Couland dont il eut, entre autres enfants, François-Henri le Goullon, seigneur de Bathlémont, et Claude-Nicolle le Goullon, morte à 85 ans, en 1763, ayant épousé : 1° en 1700, Mathieu-Gustave de Goutin, sieur du Bousquet, lieutenant du roi à Fontarabie, et 2° en 1730, Gustave Othon, comte de Lœuvenhaupt et du Saint-Empire, mestre de camp de cavalerie, chambellan du roi de Pologne, duc de Lorraine, mort en 1762.

Anne, épouse, en 1676, Paul de Godemar.

Georges ou Georgin, épouse Mangeon, qui, tous deux, vivaient encore en 1578.

Nicolas épouse Marguerite ou Jeanne Chardot.

Charles I, né en 1588, épouse, en 1618, Judith de Lemud.

Charles II, épouse, en 1643, Anne Pion. Anne Pion était veuve de Jacques Royer avant 1639.

Charles III, épouse Marthe Girard. (Ce Charles III c'est le général le Goullon, celui qui nous occupe.)

N... le Goullon, major. ([2])

Un troisième fils de Mangin I, nommé Jean, demeurait en Fournirue. Sa postérité s'est éteinte à la troisième génération, en un le Goullon qui demeurait rue Mazelle.

Suzanne, épouse N... de Pellard de Givry. C'est vers l'an 1620 que Suzanne le Goullon, dame de Servigny, avait épousé M. de Givry.

Louis, seigneur de Domangeville, épouse en 1676 Madelaine ou Elisabeth de Vigneulles ; il eut plusieurs enfants, entre autres Anne le Goullon, mentionnée dans les registres du refuge, et Marie le Goullon, dame d'Arraincourt, mariée en 1709, à Benjamin de Saint-Aubin.

([1]) J'ignore le nom de la femme de Mangin I le Goullon, qui vivait à la fin du quinzième siècle, et qui était mort avant 1555. J'ai lieu de penser que Georges ou Georgin le Goullon (malgré tout ce qui en est dit) n'a pas été le premier de sa famille qui ait été grenetier de Metz et contrôleur des réparations de la ville, et qu'avant la réunion à la France et le protectorat de cette puissance, d'autres membres de cette famille en avaient déjà été titulaires ; cet emploi ou ces emplois (car ils ont toujours été réunis sur la même tête), du temps de la République messine, devaient avoir une certaine importance.

([2]) Le tableau du noble corps des cadets présente le premier de tous, mais sans date, le capitaine le Goullon, comme major dans un régiment de garnison, qui me paraît évidemment plutôt être le fils du général que de son frère le seigneur de Dommangeville.